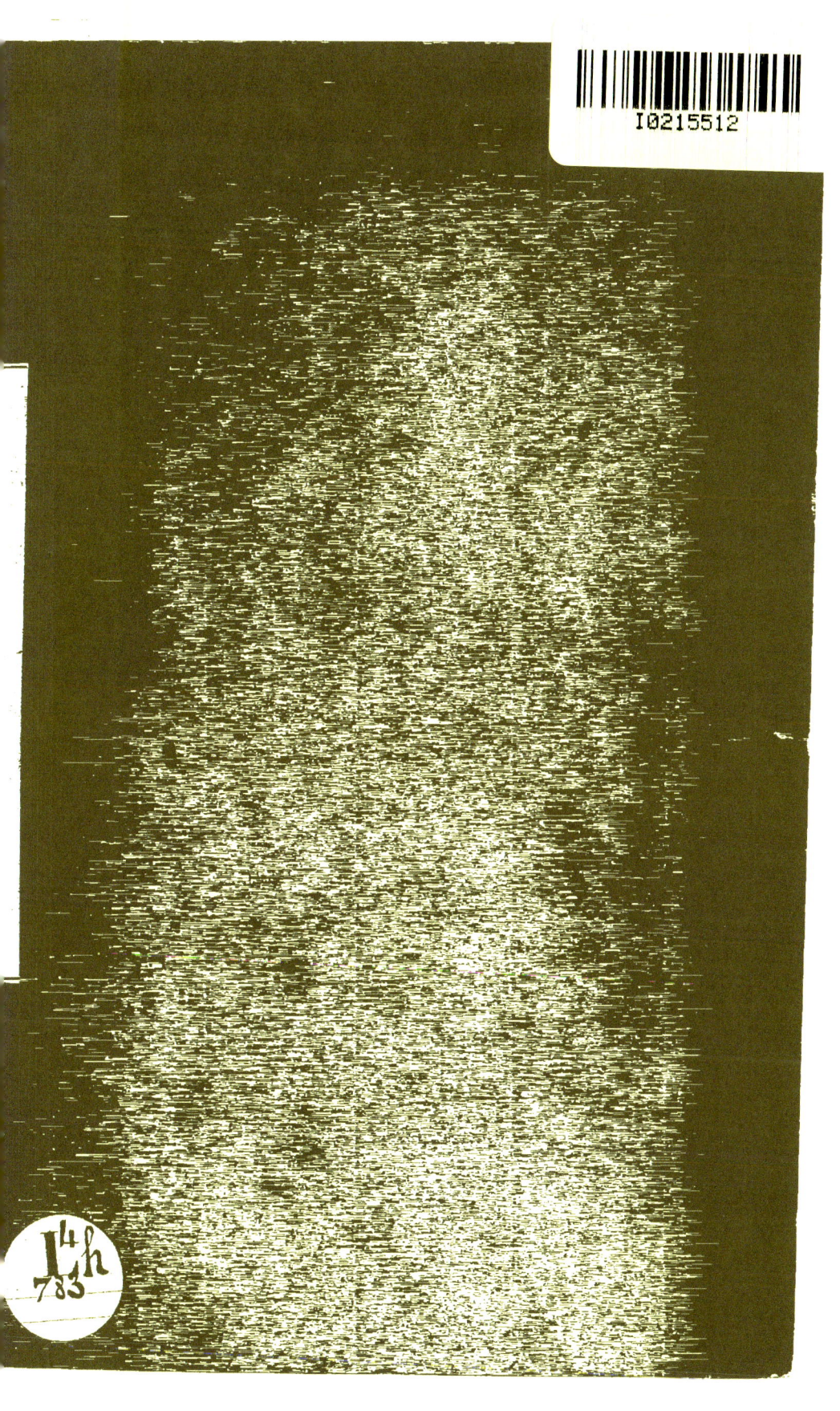

COMPTE RENDU

de la Collecte

EN FAVEUR

DES BLESSÉS DE L'ARMÉE

DE LA LOIRE

ET

DES VICTIMES DE LA GUERRE

VERSAILLES 1871

Dans les derniers jours du mois de décembre 1870, la population de Versailles, placée, à cette triste époque, sous le joug de l'occupation prussienne, avait été vivement impressionnée par des détails navrants sur les souffrances qu'enduraient les blessés de notre brave armée de la Loire. On les disait entassés par milliers, presque sans secours, sans lits, sans couvertures, dans des ambulances improvisées. Un grand nombre, assurait-on, mouraient de faim et de froid dans les neiges qui couvraient les champs de bataille.

Nous n'hésitâmes pas à adresser, en faveur de ces infortunés, un pressant appel à la charité versaillaise. Cet appel a été accueilli avec un empressement dont chacun a gardé le souvenir. Riches et pauvres, tous ont rivalisé de zèle; Versailles, qui subissait, dans ce moment même, les plus dures exactions, a donné l'exemple d'un véritable élan de charité chrétienne. Des collecteurs dévoués se sont répandus dans tous les quartiers de la ville, et en peu de jours, ils avaient recueilli une immense quantité de dons en nature, ainsi qu'une somme de plus de 16,000 fr. Ces ressources, généreusement mises à notre disposition, nous ont permis d'accomplir plusieurs voyages dans les départements de l'ouest, que la guerre ensanglantait à cette époque, et de porter quelques adoucissements aux souffrances de nos malheureux blessés.

Il nous tardait de rendre compte aux bienfaiteurs de Versailles, de l'emploi que nous avions fait de leurs libéralités. Mais le cercle de notre œuvre s'était rapidement élargi. De nouveaux dons nous étaient parvenus, non-seulement de l'intérieur de la France et de cette noble Alsace qui, toute saignante de notre plaie commune, nous envoyait son offrande, mais aussi des pays étrangers, de la Suisse, de la Hollande, de l'Angleterre et des États-Unis. Après les blessés, l'intérêt s'était éveillé en faveur des *victimes de la guerre*, et la plus grande partie des derniers dons leur était destinée. Il nous a donc été possible d'entreprendre de nouveaux voyages pour distribuer des secours aux populations rurales incendiées et ruinées par les Prussiens. Les fonds dont nous disposions ne sont pas encore épuisés, et de nouvelles libéralités continuent à les accroître. Un don inopiné de 50,000 fr., provenant d'une Société américaine, vient de nous être remis; il contribuera puissamment, nous l'espérons, au relèvement de l'une des communes les plus maltraitées par les Prussiens, l'infortunée Garches, dont la population fugitive a été accueillie, l'hiver dernier, avec une si active charité par les habitants de Versailles.

Sans attendre l'achèvement de cette œuvre nouvelle, nous croyons devoir rendre compte, dès à présent, à nos premiers souscripteurs de la destination que nous avons donnée à leurs offrandes. Plus tard nous remplirons le même devoir à l'égard de ceux de nos donateurs étrangers dont les fonds restent encore entre nos mains.

Dans la réunion qui a eu lieu le 28 juin dernier, sous la présidence de M. le Maire de Versailles, nous avons fait connaître les principaux incidents de nos voyages successifs. Nous ne croyons pas devoir les reproduire ici, de peur de trop étendre les limites de ce compte-rendu. Nous nous bornons à publier le relevé des souscriptions et des autres ressources qui nous ont été confiées, avec l'indication sommaire de leur emploi; nous y joignons quelques détails succincts sur l'accomplissement de notre mission.

En terminant, nous nous plaisons à exprimer une fois encore à tous nos donateurs de Versailles notre profonde reconnaissance pour l'appui que nous avons été si heureux de trouver auprès d'eux. Il a été le meilleur gage du succès de notre œuvre.

Baron Léon DE BUSSIERRE.   ROSSEEUW-SAINT-HILAIRE.

Versailles, 15 juillet 1871.

COMPTE RENDU

DE LA COLLECTE EN FAVEUR DES

BLESSÉS DE L'ARMÉE DE LA LOIRE

ET DES

VICTIMES DE LA GUERRE

DONS RECUEILLIS

DONS EN ARGENT

1° POUR LES BLESSÉS

Dons, collectes et recettes diverses à Versailles

Don du Conseil municipal.	2,000 f.	»
Don de la chambre des notaires.	300	»
Collecte dans le quartier Notre-Dame, dirigée par M. Pichard (1).	6,540	65

(1) La collecte du quartier Notre-Dame a été faite par MM. :

ADAM.
ANDRÉ.
BAILLOU.
BARBÉ.
BINARD.
BERT.
BÉCOURT (DE).
BAIHAUT.
BOYER.
BONITEAU.
BOBIERRE DE VALLIÈRE.
BOSQUET.
BOURGEOIS.
CAMUS.
CHARTIER.
CHOBLET.
CHAMPAGNAC.
CHARPENTIER.
COLMET D'AAGE.
CHIBOUST.
DOBRÉ.
DESCOMBLES.
DESPAGNE.
DURAND.
ÉPINETTE.
FILIETTE.
GENIN.
GUIBLET.
GUILLEMAIN.
LEFEBVRE.
LEGRAND.
LACOMBE.
MARIE.
MOREAU.
MARC.
NANSOUTY (DE).
OBLIN.
PEANCELLIER.
PIAT.
RENOULT.
ROUSSEAU.
RICHARD.
RUDELLE.
RUISSELLE.
SAUVILLE (DE).
SORTAIS.
SYLVESTRE.
TARDIF.
UGÉ.
VIDAL.

Collecte dans plusieurs rues du quartier Saint-Louis (2). . .	674	50
Dons remis aux RR. PP. Capucins.	452	40
Dons recueillis à la porte de l'église de la Retraite. . . .	16	»
Dons recueillis par Mme la comtesse de Golstein.	30	»
Quête à l'église de Montreuil.	50	»
Quête aux Halles par Mme Inglefield.	31	25
Vente de pain (3), de vieux vêtements et de chiffons (4). . .	74	30
Vente de vin resté sans emploi.	27	»
Total.	10,178	40

Souscriptions à Versailles.

Les dons en argent et en nature ont été recueillis à Versailles par :

Mme BERNARD.
Melle Céline CATTILLON,
Mmes la comtesse de CHARNACÉ.
    CHESNEAU.
    la marquise DE CROISMARE.
    CURTIS.
    DELAROCHE.
    DUMARTIN.
    FONTAINE.
    la comtesse de GOLSTEIN.
    LAUMAILLIER.
    LESOURD.
    OTWAY-INGLEFIELD.
    PLOIX.
    la marquise DU PRAT.
    RAOULT.
    RICHÉ.

Mmes la vicomtesse DE ROULÉE.
    DE SAUVILLE.
Melle SAVOURÉ.
    Les Servantes de Marie.
Melle TRIER.
MM. Eric DE BAMMEVILLE.
    BARBU, conseiller municipal.
    BERSOT, membre de l'Institut et du Conseil municipal.
    BOBIERRE DE VALLIÈRE, juge suppléant.
    BOSELLI, ancien préfet de Seine-et-Oise.
    BROË, chef de la comptabilité gén. des chemins de fer de l'Ouest.
    le baron DE BUSSIERRE, ancien conseiller d'État.

(2) Cette collecte a été faite par MM. BRECHEMIN, DOISNEAU, AUREAU, HUQUEL et TEINTURIER.

(3) Plusieurs pauvres ménages avaient porté au dépôt central de la collecte des miches de pain qui leur étaient cependant si nécessaires pour leur propre subsistance. On n'avait pu refuser leur don, malgré l'impossibilité de transporter le pain aux ambulances de l'Ouest.

Qu'il nous soit permis de citer aussi le fait suivant, qui prouve à quel point les sympathies de toutes les classes de la population s'étaient énergiquement prononcées en faveur de notre œuvre.

Des indigents, réunis au nombre de cent trente à cent quarante, dans une des maisons de charité de Versailles pour y recevoir des secours alimentaires, ont été jusqu'à proposer spontanément une interruption de huit jours dans les distributions qui leur étaient faites, afin d'en affecter le montant au soulagement des blessés de la Loire. Ce sacrifice n'ayant pas été accepté, ils ont fait, entre eux, une collecte dont le montant a dépassé 40 francs.

(4) Le vieux linge recueilli en immense quantité a été converti en bandes, compresses et autres objets de pansement. Les restes ont été vendus comme chiffons, de même que quelques vêtements impropres à l'usage des blessés.

MM. Les RR. PP. Capucins.
CHARTIER, négociant.
COLMET D'AAGE, juge suppléant.
Le capitaine FURLEY, délégué de la Société britannique.
GUILLEMAIN, président du tribunal civil.
LEFEBVRE, m. du Cons. municip.
MAINGUET, m. du Cons. municip.

MM. MANNET.
PICHARD, notaire.
Le docteur RANDON.
Le docteur RÉMILLY.
Le vicomte DE ROMANET.
ROSSEEUW SAINT-HILAIRE, professeur à la Sorbonne.
SCHÉRER, membre du Conseil municipal.

SOUSCRIPTEURS

	FR.	C.		FR.	C.
Mmes Allaise et Pichaux	6	75	M. Berniard	10	»
Mlle Anastasie	3	»	Mlle Beurton	5	»
Sœur Antonia	5	10	M. Besnard	10	»
Anonymes, par M. Barbu	24	75	M. Berneville (Enet de)	10	»
Anonyme, par Mme Bernard	3	75	Mlle Bergios	10	»
Anonymes, par Mme Dumartin	15	»	Mlle Baurgain	3	75
Anonyme, par Mlle Cataillon	2	»	M. Binois	3	75
Anonymes, par Mme Delaroche	7	»	M. Barbet (l'abbé)	10	»
Anonyme, par Mme Laumaillier	1	25	M. Baschmakoff	20	»
Anonyme, par Mlle Savouré	20	»	M. Benard	40	»
Anonyme, par Mme Chesneau	10	»	M. Becheret Lalouette	5	»
Anonyme, par M. Pichard	1	»	M. Blunt	2	»
Anonymes, par Mme Lesourd	15	»	Mme Blot	5	»
Anonyme, par M. Brechemin	10	»	M. Bodin	7	50
Mlle Angeline	2	»	Mme Bouzigues	5	»
Mme Angrand	50	»	Mlle Bourgadier	3	75
Mme d'Aumont	10	»	Mlle Bonnefou	1	»
Mme d'Aonst	5	»	M. Bourgouin	3	75
			M. Boules		60
			M. Boulanger	15	»
			Mme Boucher	3	75
M. Bachelet	1	»	M. Bournet	11	25
M. Baillot	12	»	M. Bourgoin	10	35
Mlle Bachelier	2	»	Mme Bonvoisin	5	»
M. Barbier	1	80	Bonne (une)	2	»
M. Barthe	1	»	Bonne (une)	2	»
M. Barbier Bouvet	5	»	Briis (commune de)	13	50
Mme Banfils	2	»	M. Brié	8	40
M. de Beaucours	100	»	M. de la Brizollière	5	»
Mlle de Beaulard	5	»	M. Brechemin	20	»
M. Benas	3	75	M. Brault	3	75
M. Berigny	10	»	M. Brian	15	»
M. Bertrand	7	50	M. Bruslé	22	50

	FR.	C.
Mme Bruen	100	»
Mme Brugères	1	»
Mme de Buor	10	»
Mme Caumont (comtesse de)	20	»
M. Charier	7	50
M. Carré	20	»
Mlle Catillon	18	20
M. Cendrier	5	40
M. Cerneau	5	»
M. Chatigny	10	»
M. Charpentier	10	»
Mme Chabut	25	»
M. Chartrain	3	75
Mme Chabert	25	»
Mme Chauplin	5	»
Mme Charnacé (la comtesse de)	10	»
M. Chatard	100	»
Mme Chesneau	12	»
M. Clochepin	5	»
Mlle de la Chaise	5	»
Mmes Clarré et Darelle	7	50
M. Clicot	5	»
Mlle Clémence	2	»
M. Colmet d'Aage	20	»
M. Coin	5	»
M. Condam (l'abbé), aumônier du lycée	3	75
Mme Constantin (Marie)	2	»
Concierge (rue Mademoiselle, 22)	2	»
M. Coudret	20	»
M. Corroy	5	»
M. Cosson (Th)	10	»
M. Colard	5	»
Mme Coste et Mme Marie	4	50
Mme de Crèvecœur	10	»
Mme Coussin	3	75
M. et Mme Curtis	200	»
Mlle Curtis	50	»
Mme Davoust	5	»

	FR.	C.
M. Degeneté	11	25
Mme Delaquis	2	»
M. Deloreau	10	»
Mme Delaferrière	2	»
Mme Dendy	10	»
M. Depres	15	»
M. Desoyer Vandron	15	»
M. Deschamps	2	»
M. Doit	22	50
M. Dolorme	12	»
Domestique de M. Penera	3	»
M. Domain	5	»
Mlle Dormincourt	5	»
M. Druyer	7	50
Dumas (l'abbé)	3	75
M. Dumenil	3	75
M. Dumonteil	7	50
M. Dubois	5	»
M. Dumont	20	»
M. Duval	5	»
M. Duval	7	50
M. Dupont	2	50
M. Durriez	5	»
Employés de la maison Ailliot	6	»
M. Epinette	2	»
Mme Estienne	3	75
Mme Estiard	4	»
Mme Eve	2	»
M. Farallic	3	75
M. Fauquière	5	»
M. Feauvau	3	75
M. Ferrand	3	75
M. Feron	10	»
Femme et mère de militaire	1	10
M. Filon, à Frileuse	50	»
M. Filliette	15	»
Mme Fincken	5	»
Mme Fiault	3	75
M. Flohic (G)	5	»
Mme Floquuet	5	»
Mme Fontaine	31	75

	FR.	C.		FR.	C.
Mme Forsyth (Rossel)	100	»	Mme Hily	3	75
Mme de Frileuse	100	»	Mme Hoppe	5	40
Mlle Fuchs (Léonie)	2	»	Mme Hue	6	»
Mlle Fumeron	26	»	M. Hunnebelle	20	»
M. Gallien	5	»	Mme Ignace	10	»
Mlle Gallien	1	»	Mme Ignace	15	»
M. Gallois	10	»	Mme Ingrand	10	»
Mme Gastambide	5	»	Mme Inglefield	50	»
Mme Gautier mère	2	20			
Mme Gautier	15	»			
Mlle Geslin	5	»			
M. Girardin	50	»	Mme Jean	4	»
M. Girardin	2	»	M. Jeuffroy (Annable)	15	»
M. Girard et Mlle Villoteaux	15	»	Mlle Juliette	6	»
Mme Glatigny	5	»	M. Jugen	3	75
Mme Gondalier	20	»	M. Junck	10	50
Mme Gosse de Gorre	10	»			
M. Got	3	75			
M. Grandhomme	5	»			
M. Gringoire	47	»	Mme Laborie	3	50
M. Grosjean	1	»	Mme Lachambre	5	»
Mme Grosjean	5	»	M. Labbé	10	»
Mlle Grosse	10	»	M. Lamblardie	10	»
M. Gueusquin	2	»	Mlle Langlois (Marie)	7	50
M. Guillemin	1	50	M. Langlois	2	»
M. Guillard	15	»	M. Lasalle (le marquis de)	20	»
M. Guillauteaux	50	»	Mme Laumailler	20	»
M. Guilar	18	75	Mme Laumailler (Léonce)	20	»
M. Guyard	1	50	M. Laurent, adjoint	5	»
Mme Guillauteaux Vatel	20	»	M. Laurent jeune	22	50
M. Guillong	3	75	M. Lauxerrois	3	75
			Mlle Lavallée	5	»
			M. Lebas	30	»
			M. Lechandelier	10	»
			Mme Lefèvre	33	»
M. Happe	10	»	M. Lefèvre de Becourt	20	»
M. Harel	»	10	M. Leduc	20	»
Mlle Hardouin	20	»	M. Legont	3	75
M. Havard	2	»	M. Legendre et son success.	6	50
Mme Hébert (Vve)	5	»	M. Léotard, économe du Lycée	10	»
M. Hédouin, à Saint-Aubin	11	25			
M. Hébert	5	»	Mme Lépine	5	»
M. Hervé Poron	10	»	Mme Lépine	5	»
M. Hery Jeannin	10	»	Mme Lepaire	20	»

	FR.	C.		FR.	C.
Mme Lespinas.	60	»	Mme Nolos.	2	»
Mme Letandard.	47	»	Mme Noue (vicomtesse de la).	20	»
M. Letellier.	7	50	Mlle de la Noue.	10	»
M. Lhermite.	20	»			
M. Lisleferme (le colonel de).	20	»			
M. Lisleferme.	5	»			
M. Luys.	5	»	Mlle d'Orfenil.	5	»
			Mme Oudot.	7	50
M. Maclean.	7	50	M. Paque.	18	75
M. Mafarette.	10	»	M. Paris.	20	»
Mme Magny.	10	»	M. Paris.	25	»
M. Maisonnier.	50	»	M. Paris.	15	»
M. Mainguet fils.	30	»	Mlle Pauline.	5	»
Mme Malette.	1	»	Mlle Pauline.	6	50
Mlle Manneret.	5	»	M. Pauche.	1	»
M. Manière.	1	50	M. Peché.	5	»
M. Maugé, facteur.	5	»	M. Penot.	18	75
Mlle Maugé.	2	»	Mme Pescatore.	20	»
M. Mannet.	20	»	M. Petit.	10	»
M. Manté.	100	»	Mme Pellat.	»	60
Mme Manière.	1	»	Mmes Petit et Legrand.	20	»
Mme Martin.	3	75	M. Pigeon.	5	5
Mme Martin (v^e).	10	»	M. Piset.	11	25
Mlle Marechaux.	2	»	Mlle de Pillot.	5	»
Mme Martel.	20	»	M. Piorette.	5	»
Mlle Marie.	7	»	M. Pipereau.	7	50
Mme Martine.	10	»	M. Piot.	20	»
Mlle Maria et sœurs.	2	»	Mme Ploix.	11	»
M. Masson.	5	»	Mme Pluchet.	10	»
M. Masson.	4	»	M. Phinibert Vaganoz.	1	»
M. Masson.	100	»	M. Philippon.	7	50
Mlle Mercier (Annette).	3	75	Mlle Poulain.	5	»
Mme Meyes.	3	75	M. Poulet.	15	»
M. Mezières.	10	50	M. Preponnier.	5	»
Mme Michel.	7	50	Mme Prevost.	5	»
M. Moreau.	20	»	M. Provost.	3	75
Mme Moulin.	5	»	Mme Prat (la marquise du).	100	»
M. Mulor.	10	»	M. Prudhomme.	10	»
Mme Nadaud (v^e).	2	»	M. Queney.	12	»
Mlle Nanette.	5	»	Mme Quero.	20	»
M. Nicod.	10	»	Mlle Querot.	5	»

— 11 —

	FR.	C.
Mme Quero mère	7	50
M. Radegonde	3	75
M. Rellan	10	»
M. Reniaux	18	75
Mme Riché (mère)	20	»
Mme Riché	20	»
M. Richard	52	50
M. Richard (Émile)	5	»
Mme Robert	4	30
MM. Robinet et Valiade	38	10
M. Robin	20	»
Mme Robert	30	»
M. Rouland	7	50
Mme Roulée (la vicomtesse de)	150	»
Mme Roulée (la vicomtesse de)	100	»
M. Rousseau	2	80
M. de la Ruelle	20	»
Mlle Sacavin Dumont	32	50
Mme Saintin	5	»
Mme Saint Honoré et sa bonne	12	»
Mme la supérieure de la Sainte-Enfance	30	»
M. Sayné	50	»
M. Scherer	10	»
M. Sequin	7	50
Mme Semallé (la comtesse de)	500	»
Mme Séneven	3	»
M. Sénéchal	10	»
M. Sère	10	»

	FR.	C.
Mme la Supérieure des Servantes de Marie	14	»
Servantes de Marie (les)	18	»
M. Sourzat	10	»
Servante (une)	10	»
M. Tabut	7	50
Mlle Tardieu	3	»
M. Tardif	3	75
Mme Tatin	5	»
Mme Taumier	2	»
Mme Tavernier	10	»
M. Tellier	1	»
Mme Thiany	5	»
Mme Thibault	2	»
Mme Thiboust	1	»
M. Thomas	2	»
M. Touret	5	»
Mlle Trier	40	»
M. Valentin	25	»
Mme Vatinelle	5	»
M. Vaucaire	5	»
Mme de Vaillant	10	»
Mlle Vaudron	1	»
Mlle Vaudron	4	»
M. Vienne	5	»
M. de Villaret Joyeuse	200	»
Mme Visconti	20	»
M. Volet (l'abbé)	10	»
M. Voisard	10	»
Mme Vut	10	»
Total	5,513	50

SOUSCRIPTIONS ET COLLECTES HORS DE VERSAILLES

	FR.	C.
M. le baron d'Astier (Seine-et-Marne)	45	»
Mme d'Arcambal	200	»
M. Benecké par Mlle Trier	250	»
M. Félix Bovet (Neufchâtel)	200	»
M. Bruneton, à Niederbronn (Bas-Rhin)	500	»
M. le général Chamberlain	300	»

	FR.	C.
M. et Mme Chauffour-Kestner (Thann, Haut-Rhin)	200	»
Mme veuve Charras (Thann, Haut-Rhin)	200	»
Comité de dames à Genève	500	»
Comité de secours aux blessés militaires de Bâle	2,000	»
Collecte à Lausanne	80	»
Collecte à Marcoussis (Seine-et-Oise), par M. de Bammeville	200	»
Collecte à Melun	45	»
Collecte à Genève, par Mme Mirabaud	500	»
Collecte à Genève, par M. Max. Perrot	275	»
M. le comte et Mme la comtesse Auguste de Pourtalès	300	»
M. Edelmann, esq. from Bognor	612	50
M. Féray, d'Essonnes	100	»
Mlle Fauquet	100	»
Mme la baronne de Faviers (Kintzheim Bas-Rhin)	20	»
M. Gauckler (collecte à Wissembourg) (6)	110	»
Mme Huber (Prémyes, Suisse)	30	»
M. Hochet (Seine-et-Marne)	40	»
M. Pierrard, au nom de la Société française de Londres	500	»
Sir Patrick Murray, baronet	250	»
M. et Mme Risler-Kestner (Thann, Haut-Rhin)	200	»
M. Wallenbach (par Mlle Trier)	125	»
M. Van de Velde (reliquat de l'ambulance hollandaise)	2,000	»
Total	10,122	50

RÉCAPITULATION

	FR.	C.
Dons, collectes et recettes diverses à Versailles	10,178	10
Souscriptions à Versailles	5,513	50
Souscriptions et collectes hors Versailles	10,122	50
Total des dons en argent pour les blessés	25,814	10

II. — Dons avec affectation facultative, soit aux blessés, soit aux populations ruinées par la guerre.

	FR.	C.
Vicomtesse d'Archiac	50	»
Mme André Walther	100	»
Mme Alfred André	100	»
Mme Aubert, née de la Rue, à Genève	100	»
Mme Bourlon de Sarty	300	»

(6) Savoir : M. Gauckler, Mmes Heydenreich et Mme Siegler, 30. — M. Schilling, 20. — M. Müntz, 10. — Société du sou protestant, 50.

	FR.	C.
Mlle Bourlon de Sarty.	100	»
Baron et baronne de Berckheim.	200	»
Baron et baronne Edmond de Bussierre.	300	»
Baron Léon de Bussierre.	2,000	»
Vicomte Charles de Brimont.	100	«
Collecte à Niederbronn (Bas-Rhin) (7).	92	»
Familles de Dietrich et de Turckheim, à Niederbronn (B.-Rhin).	500	»
M. G. Haguermann.	1,000	»
Mme de Hell (château d'Oberkirch, Bas-Rhin).	50	»
Mlles de Hell.	150	»
M. Charles de Hell.	50	»
Baronne Hottinguer.	300	»
Baronne R. Hottinguer.	100	»
Mme Jameson.	200	»
Duchesse de Lesparre.	50	»
Mme Ph. de Monbrison.	100	»
Marquise de Jaucourt.	200	»
Collecte par Mme la comtesse Edmond de Pourtalès.	1,000	»
Comtesse de Pourtalès-Castellane.	100	»
M. Perdonnet, au nom de la Société de Secours de Lausanne.	2,500	»
Comtesse de Waldner.	250	»
Mme de Vivès (château d'Elbiar, Bas-Rhin).	30	»
Total.	10,022	»

III. — Dons pour les populations ruinées par la guerre.

	FR.	C.
Collecte à Aarau (Suisse), par M. Lackerbauer.	420	»
M. le pasteur Antonin, d'Auxerre.	120	»
M. Eric de Bammeville (pour Ablis).	100	»
Révérend Battersby, premier envoi.	525	»
Révérend Battersby, deuxième envoi.	137	10
Comité de dames, à Berne.	6,007	50
Comité de Boston (États-Unis), par M. Dwight, pour les communes incendiées par les Prussiens, et plus spécialement pour Garches (Seine-et-Oise).	50,000	»
Du même, par M. Dwight, pour secours à distribuer à Ablis (Seine-et-Oise) et dans la Sarthe.	10,000	»
Du même, par M. Dwight, pour secours de loyers aux familles les plus nécessiteuses de Versailles.	6,000	»

---

(7) Savoir : MM. Petri, 20. — Holcraft, 20. — Voegelé, 5. — Mérian, 5. — Dr Schmidt, 10. — Mme Mazaurie de Propiac, 5. — Baronne du Bouzet, 2,50. — Vicomtesse d'Albis, 50. — Mademoiselle Lalande, 2. — M. le chanoine Gaudrot, 5. — Mademoiselle Choquin, 25. — Anonyme, de Strasbourg, 10.

	FR.
M. Bullock, délégué de la collecte du *Daily-News*.	500 »
M. Cobb, à Torquay (Angleterre).	53 40
Mme Couvreux Michéli (Suisse).	550 »
Mme Curtis.	100 »
M. Edelmann from Bognor (Angleterre).	137 50
Collecté par M. Jacob Keller, à Lausanne.	336 »
M. Arthur Kinnaird, membre du parlement, premier envoi.	1,500 »
M. Arthur Kinnaird, deuxième envoi.	1,504 35
M. Arthur Kinnaird, troisième envoi.	6,048 »
M. Labadie, au nom du Comité bordelais de secours aux départements envahis, (pour Garches).	500 »
Société de secours de Lausanne.	3,000 »
M. Lefort-Naville (Genève), de la part d'un comité de dames.	620 »
M. James Lennox.	2,500 »
M. Alfred Monod, sur le produit des dons recueillis par lui et sa famille en Suisse, Alsace, Angleterre et Amérique.	1,000 »
M. Paul Pierrard, au nom de la Société française de Londres.	500 »
M. Van de Velde, don de l'ambulance hollandaise.	2,000 »
M. Van de Velde, don personnel.	2,350 »
Mlle Willinck (Amsterdam).	550 »
Total.	97,058 »

IV. — Dons spéciaux pour les frais de voyage et de collecte.

MM. E. de Bammeville.	312 75
le baron Alfred de Bussierre	500 »
le baron Léon de Bussierre.	707 90
le Dr Remilly.	113 »
Rosseeuw-Saint-Hilaire.	154 45
Van de Velde.	150 »
Total (égal au montant des dépenses spéciales (voir p. 29.)	1,938 10

M. de Bammeville a fourni gratuitement deux voitures et quatre chevaux pour le voyage du 18 janvier au 4 février. — M. Retournez, membre du conseil municipal de Marcoussis, a fourni gratuitement un cheval et une voiture pour le même voyage. — La municipalité de Chartres a bien voulu nous procurer quatre voitures supplémentaires dont elle a supporté les frais; la Société de secours aux blessés militaires de la même ville nous a adjoint un de ses membres les plus distingués, M. Charpentier, ancien procureur impérial, ainsi que deux élèves en médecine dont le concours nous a été très-précieux.

RÉCAPITULATION DES DONS EN ARGENT

		FR.	C.
1°	Pour les blessés.	25,814	10
2°	Facultatifs (blessés ou populations ruinées).	10,022	»
3°	Pour les populations ruinées par la guerre.	97,058	»
4°	Pour les frais de voyage et de collecte.	1,938	10
	Total.	134,832	20

DONS EN NATURE

I. — Dons en nature pour les blessés.

A quelques exceptions près, tous les dons en nature pour les blessés ont été recueillis à Versailles même. Nous aurions désiré pouvoir indiquer la part fournie par chaque personne. Mais, outre l'inconvénient de donner trop d'étendue à ce rapport, nous avons dû reconnaître l'impossibilité d'arriver à des indications complètement exactes. En effet, l'empressement avec lequel les dons avaient été portés aux différents dépôts de la collecte n'avait pas toujours permis d'inscrire, en regard du nom de chaque bienfaiteur, le détail des objets, souvent très-variés, qu'il apportait. Beaucoup de donateurs avaient d'ailleurs tenu à rester anonymes (8). Nous devons par conséquent nous borner à publier le résumé des principaux objets recueillis, ainsi que les noms des donateurs qu'il nous a été possible de connaître.

Outre une quantité très-considérable de vieux linge, de charpie, de bandes, de compresses et de denrées alimentaires (sucre, café, épiceries, conserves, etc.), nous avons recueilli à Versailles :

    1,360 chemises.
      230 couvertures (9).
      283 draps.
       60 paillasses.

---

(8) Une excellente femme du quartier Notre-Dame portait au dépôt des Capucins une ample récolte de linge et de vêtements, qui avait certainement laissé bien des vides dans ses modestes armoires. Invitée à donner son nom, elle fit cette réponse que nous aimons à reproduire : « *Mon nom ? à quoi bon ? Dieu le connaît !* »

(9) Ceux qui connaissent la dureté avec laquelle les réquisitions prussiennes venaient de prélever à Versailles une exorbitante contribution de couvertures s'étonneront qu'il ait été possible d'en recueillir encore autant à cette époque.

52 oreillers.
309 caleçons.
198 gilets.
800 mouchoirs.
90 foulards.
615 serviettes.
252 pantalons.
950 paires de bas et chaussettes.
120 paires de chaussures.
139 paires de pantouffles.
56 paires de chaussons.
66 robes de chambre.
276 paletots ou habits.
47 manteaux.
314 cache-nez.
277 chemises et gilets de flanelle.
166 gilets de tricot.
52 ceintures de flanelle.
146 taies d'oreiller.
242 bonnets de coton.
275 bouteilles de vin.

— La municipalité de Versailles a fourni des vêtements et du linge.
— Une collecte de vêtements, linge et denrées alimentaires a eu lieu dans la commune de Marcoussis (Seine-et-Oise), de même qu'à Melun, par les soins de M. de Bammeville.
— Un grand nombre d'anciens vêtements militaires nous a été fourni par l'administration des Domaines.
— La Société britannique de Secours pour les blessés militaires, nous a donné, tant directement que par l'entremise de son délégué, M. le capitaine Furley, plusieurs caisses de médicaments, 1,500 cigares, des caisses de conserves (viande, lait concentré, bouillon Liebig) et 336 bouteilles de vin de Porto.
— Après la levée du premier siége de Paris, la Société française de Secours aux blessés militaires a bien voulu mettre à notre disposition 40 pièces de vin de Bordeaux, et 200 bouteilles de vin d'Espagne, qui ont été distribuées dans les ambulances du Mans.

Les dons en nature recueillis à Versailles ont été fournis par les personnes dont les noms suivent (outre un nombre très-considérable de dons anonymes) :

M. Allaine.
M. Alliot Saintin.
Mme Alliot.
Mlle Ansons.
Mme Aubrun.

Mme Augé.
Mme Auger.
Mme Aumont.
Mlle Aury (Célina).

Mlle Bachelier.
Bains Notre-Dame (l'Etablissement des).
M. Baihaut.

— 17 —

M. Baillot.
M. Barbier Bouvet.
Mme de Bammeville.
Mme Barbé.
Mlle Barbier Bouvet.
M. Barratte.
M. Barthe.
M. Bataille (le D^r).
M. et Mme Bayard Thiabier.
Mme Bayat.
Mme Beaufils.
M. Becourt (Lefebvre de).
M. Beauloir.
M. Bellot de Busy.
M. Bénard.
M. Bénard.
Mme Bernard.
Mme Bernard (Paul).
Mme Bertrand.
Mme Besnard (Léon).
M. de Bierville
Mlle Bichet.
Mme Bihel.
Mlle Bihet.
Mlle Binard.
Mme Binard.
M. Bobierre de Valliere.
M. Boisgontier.
Mme Boisgontier.
Mme Bonton.
Mme Bontoux.
Mme Boselli.
M. Bosquet.
Mme Bonercau.
Mme de Bougerel.
Mme Boulanger.
Mme Bouvet.
Mme Bouzigues.
Mme de Brancion.
M. de la Brizolière.
M. Bruslé.
M. Bruyères (le colonel).
Mme la comtesse de Buor.
Mme la baronne de Busserre.

M. Caillet.
Mme Capet.
les RR. PP. capucins.
M. Camus.
M. Carbage.
Mme Carré.
M. Cartier.
Mlle Catillon.
Mme Cendrier.
Mme Chabert.
Mme Chabin.
M. Chamorin.

M. Champagnac.
Mme de la Chapelle.
Mme Charnacé (la comtesse de).
M. Charpentier.
M. Chartier.
Mme Chatard.
M. Chatigny.
Mme Chauchard
Mme Chelu.
Mme Cicile.
M. Colmet d'Aage.
M. Colin.
Mme Corvée.
M. Coster.
M. Courtois.
Mlle Coussin.
M. Coussol.
Mme Creuzat.
Mme de Crevecœur.
Mme Croismare (la marquise de).
M. Cuisinier.
Mme Curtis.

Les Dames de la Retraite.
M. Dauvigne.
M. Dax.
Mlle Dehcy.
M. Delaissement.
Mme Delchèle.
M. Delmas.
Mme Demaria.
M. Demontel.
Mme Dendy.
M. Derchu.
M. Dercheu.
M. Deroisin.
Mme Desnos.
M. Desnos.
M. Desprez.
M. Dileires.
M. Donnadieu.
M. Duclos.
M. Dufaure.
Mme Dufaure.
M. Dufoy.
M. Dufrayer.
Mme Dumont.
M. Dumonteil.
M. Dunosq.
Mme Dupaty.
Mme Dupuis.
Mme Durand.
Mme Duringer.

Mgr l'Evêque de Versailles.

M. Econome (l') du Lycée de Versailles.
Mme Elchingen (la duchesse d').
Mlle Erras.
Mme Estiard.
M. Etienne.

M. Favereau, colonel.
Mme Feauveau.
Mme Felins.
Mme Ferret.
Mme Fiault.
M. Fichet.
M. Filliette.
M. Fiquet.
M. Finot.
Mlle Fiorette.
Mme Fisanne.
Mme Flamand.
Mme Flamerion.
M. Flohic.
M. Fontaine.
Mme Fontaine.
M. Forestier.
M. Forestier Gaucher.
Mme de la Fosse
Mme Fromageot.
Mme Frotier.
Mlle Fumez.
Mlles Fumeron.
M. Furley, capitaine.

M. Gache.
Mlle Gallien.
M. Garnier.
Mme Garnier (v^e).
Mme Garot.
Mme Gastambide.
Mme Gauthier mère.
Mme Gauthier jeune.
M. Gay (Jean).
M. Genin.
Mme Genant.
Mme Gigon.
M. Gilbert.
Mlle Giraudet de Boudmange.
Mme Gobert.
Mme Godin.
Mme Gondalier.
Mme Gondonin.
M. Gorez.
M. Gonot.
Mme Granger (v^e).
Mme Grandhomme.
M. Grison.
Mlle Guerot.

M. Guiblet.
M. Guilhard de Mareil.
Mme Guillemain.
Mme Guillard.
M. Guilloteaux.
Mme Guilloteaux Vatel.

M. Haincourt.
M. Halley.
M. Harel.
M. Harmand.
Mme Hed.
Mme Heringue.
Mlle Honorine.
Mme Huard.
Mme Hue.
M. Huquelle.
Mlle Humbert.
M. Huvelliez.

M. Ignace.
M. Inglefield.

M. Jacquemard fils.
M. Jacquemot (le Dr).
M. Jacquot (le Dr).
M. Jaulain.
Jésuites (les RR. PP.).
M. Jorel.
Mme Jorel.
Mme Jude (ve).
Mlle Juliery.
M. Justin.

M. Labbé.
Mme Labouchère (Peter).
Mme Lacan.
Mme Lachenet.
Mme Lacheney.
Mme Lachise.
M. Lacombe.
M. Lacroix.
M. Lafontaine.
M. Laliement.
M. Lamblardie.
Mlle Lambert.
Mme Lambert.
Mme Lamiot.
Mme Landais.
M. Largier.
Mme Larocque.
Mme de Lasalle.
Mme Laumaillier.
M. Lebarge.
M. Lebas (les empl. de).
Mlle Leblont.

M. Leblond.
M. Lecas.
Mme Lecomte.
M. Lecoq.
Mme Leclerc (ve).
M. Leclerc.
M. de Lécuyer.
M. Leduc (le Dr).
M. Leduc.
M. Lefèvre.
Mme Lefèvre.
M. Legrand.
Mme Legrand.
Mme Legreneur.
Mme Lejeune.
M. Lemesson.
M. Lemoine.
M. Lenormand.
Mme Lepert.
Mme Lépine.
Mme Lépine.
Mlle Lequesne.
M. Leroux (René).
Mme Leroux.
M. Lesage.
Mme Lesourd.
Mme Létendard.
Mme Letellier.
Mme Leullen.
Mlle Levanier.
Mme Levieux.
M. Lonqueu.
M. Lyon.
Mme Luys.

M. Maeps.
M. Magnier.
M. Mainguet.
M. Maillet.
M. Maitre.
Mme Malherbe.
Mme Manière.
M. Mannet.
Mme Mangaize.
M. Marchand.
Mlle Marchand.
Mlles Maréchaux.
M. Marié
Mme Martel.
Mme Martine.
Mlle Massias.
M. Masson.
Mlle Matté.
Mme Mancœur.
M. Mathieu.
Mme Maurice.
M. Mauffle.
Mme Mazin (la vicomt. de).
Mlle Marguerite.

M. Méda.
M. Mehedin.
M. Merlier.
M. Meunier.
Mme Mignot.
Mme Miou.
Mme Molines (la baronne des).
M. Monod A. (directeur à l'ambul. n° 11 bis).
M. Montsim.
M. Morand.
M. Moreau.
Mme Morillot.
Mme Morlière.
Mme Moulle.

M. Neymayer.
Mme Nicolas.
Mlle Nicolas.
Mlle Nolot.
M. Nourrit.

Mlle Odot.
M. Ollivier.
M. Orfaure.
M. Ozanne.

Mme Passy.
Mme Pease.
Mme Pelissier.
Mme Pellnot.
M. Perron.
Mme Pescatore.
Mme Petit.
Mmes Petit et Legrand.
M. Pichon.
M. Piguand.
Mlle de Pillot.
Mlle Pipereau.
Mme Ploix.
M. Pochon.
Mme Poidevin.
Mme de Pont.
Mme Praslon.
Mme Pressoir.
M. Prevost.
M. Prudhon.

Mme Querot.
M. Questel.

Mme Raoult.
M. de Recalde.
M. Renault (Victor.

M. Reynaud.
M. Riberoux.
Mme Riché.
M. Rimbault.
Mlle Robinet.
Mme Robert.
Mme Rousseau.
M. Rudelle.
M. Rué.
M. Ruelle.
M. (de la) Ruelle.

Mme Saint-Hilaire.
M. de Saint-Fregnand.
M. Saint-Etienne (Gustave de).
Mme Salmon.
M. Sarton.
M. du Sauteux.
Mme Sauvagnac.
Mlle Savoure.
Mmes de Saxée.
Mlle Schmidt.
Mlle Schneider.
M. Semallé (le vicomte de).

M. Le Senecal.
M. de Sivry.
M. Sortais père.
Mme Suguaise.
  Supérieure du Grand-Champ (Mme la).
  Supérieure des Servantes de Marie (Mme la).
  Supérieur des Servantes du Sacré-Cœur de Jésus (M. le).
  Supérieure des Sœurs de la Sagesse (Mme la).
M. Sylovestre.

Mlle Tardieu.
Mme Tavernirr.
Mme Teinturier.
M. Tessier (l'abbé).
Mlle Tesson.
M. Tinturier.
Mme Tison.
Mme Thabut.
M. Themeleau.
M. Thévenot.

Mme Thiany.
Mme Thomas.
Mme Thorot.
Mme Thoury.
Mme Thuringer.
Mme Toury.
Mme Tot.
M. Truffeau.

Mme Urbanosse.

M. Vaganey (Phinibert).
Mme Vatinelle.
Mme Veltin.
Mlle Verdon.
Mme Véret.
M. Vincent.
M. Voisard.
M. Vuillamy.
Mme Vut.

Mme Walther.
M. Walhem.
  Warender (Milady).

I. — Dons en nature pour les victimes de la guerre (9).

M. Dwight, délégué du comité de *Boston* (États-Unis) : 6,000 livres de viande conservée (preserved roast-beaf).

Dames de Boston (États-Unis) : 28 chemises, 6 caleçons, 10 robes, 5 taies d'oreillers.

Capitaine Furley, délégué de la Société nationale Britannique : 10 vêtements d'hommes complets, 10 couvertures, 6 bouteilles de rhum, 1 caisse denrées alimentaires (chocolat, gruau, thé, bouillon conservé).

Le même, au nom de la Société anglaise de Secours aux paysans français, un chargement de graines potagères.

Mmes et Mlles de Hell (château d'Oberkirch, Bas-Rhin) : 21 chemises, 11 gilets de tricot, 3 blouses, 2 châles, 4 jupons, 12 bonnets.

M. Alfred Monod, directeur de l'ambulance internationale n° 11 *bis* (10) 252 chemises, 52 gilets de flanelle, 444 ceintures de flanelle, 104 mouchoirs

---

(9) La plupart des dons en nature ont été consacrés au soulagement des incendiés de Garches (Seine-et-Oise).
Des vêtements ont aussi été distribués à Ablis (Seine-et-Oise), Sceaux, Changé (Sarthe), et Fréteval (Loir-et-Cher).
Le don de viande conservée est destiné, savoir :
2,200 livres aux indigents de Garches, 1,500 livres à ceux d'Ablis, et 300 livres à ceux de Lahoussaye (Seine-et-Marne). La répartition en sera faite (de préférence pendant la saison rigoureuse) par les soins de commissions locales. Deux mille livres seront distribuées par les soins du *Comité protestant de secours aux victimes de la guerre*.

(10) Le matériel d'ambulance dont M. Monod a bien voulu nous remettre une partie pour les victimes de la guerre, avait été acheté, au moyen de fonds collectés par lui et d'autres personnes de sa famille en Alsace, en Hollande et en Angleterre.

178 draps, 73 oreillers, 43 coussins, 445 taies d'oreillers, 75 paillasses, 103 couvertures, 3 paniers batterie de cuisine, 1 caisse de vin, 70 kilog. de graisse, 1 caisse de livres, objets divers.

M. le comte Robert de Pourtalès : 34 chemises, 60 mouchoirs, 9 draps, 1 habit, des compresses.

EMPLOI DES DONS

1° BLESSÉS

Emploi des dons EN ARGENT pour les blessés.

1. — ACQUISITIONS ET DÉPENSES DIVERSES A VERSAILLES.

	FR.	C.
64 couvertures de laine.	587	40
Toile pour 61 paillasses.	452	50
154 chemises.	355	50
51 gilets de flanelle.	148	25
225 paires de chaussettes.	127	65
126 mouchoirs.	79	20
120 serviettes.	145	»
18 caleçons.	53	10
63 bonnets de coton.	50	40
260 vêtements militaires, 50 pantalons.	1,508	50
22 paires de souliers.	199	50
Calicot pour manches de gilets.	19	75
Emplettes diverses (pour conf. de vêtements) par Mme Laumaillier.	90	»
id. id. par Mme Inglefield.	64	»
id. id. par Mme Fontaine.	20	»
id. id. par Mme Riché.	20	»
76 kilog. de sucre.	111	40
Huile d'olive.	186	»
Deux pièces de vin de Bordeaux.	410	»
600 bouteilles de vin de Porto ; 200 de Madère ; 200 de Xérès ; 32 litres de Madère.	3,306	»
5,800 cigares, 770 paquets de tabac, et papier à cigarettes.	744	»
Frais de transport des dons en nature envoyés par la Société nationale britannique.	150	»
Nettoyage de 26 vestes militaires.	13	»
Payé à des réfugiées de Garches et de Sèvres, pour confection de paillasses, raccommodage et blanchissage de chemises.	96	45
Change de monnaie (1).	198	»
Total.	9,135	60

(1) La plupart des souscriptions ayant été payées en monnaie prussienne, il a été indispensable d'en échanger une partie contre de la monnaie française.

II. — SUBVENTIONS ET EMPLETTES DANS LES VOYAGES AUX AMBULANCES.

Beaucoup de souscripteurs de Versailles avaient émis le vœu que leurs libéralités fussent affectées d'une manière exclusive aux blessés français. Tout en faisant des réserves sur le principe d'une exclusion générale des blessés ennemis, nous pouvons annoncer que, *de fait*, la majeure partie de nos dons a profité aux seuls blessés français. En effet, presque immédiatement après les nombreux combats qui venaient d'être livrés dans les départements que nous parcourions, les Prussiens avaient opéré la concentration de leurs propres blessés, en ne laissant, sauf de rares exceptions, que des blessés français dans les ambulances improvisées sur les champs de bataille. Ce n'était donc, en général, que dans les villes, et surtout dans les grandes villes, que nous devions rencontrer de nombreux blessés prussiens. Or, dans ces centres principaux, l'autorité prussienne, appliquant une règle que nous ne saurions approuver, exigeait la séparation à peu près complète des blessés des deux nations. Dès lors, nous n'avons plus éprouvé aucun scrupule à nous consacrer presque exclusivement aux ambulances françaises, celles des allemands étant abondamment pourvues par des réquisitions de toute nature.

Quant à la crainte manifestée à Versailles de voir les réquisitions allemandes s'exercer même sur nos convois de secours, nous devons à la vérité de déclarer que nous n'avons point à nous plaindre d'excès de cette nature. Nos voitures, portant le drapeau tricolore, uni à la bannière internationale de Genève, ont circulé librement à travers toutes les lignes prussiennes.

1º. — *Voyage de M. le vicomte* DE ROMANET.

M. de Romanet se rendait dans l'ouest avec un convoi de la Société de Secours aux blessés militaires, au moment même où la collecte de Versailles venait de commencer. Il a bien voulu se charger d'emporter les premiers dons en nature qui nous étaient confiés. Nous lui avons remis en outre une somme de 1,029 fr. 25 c. qui a servi, pour la plus grande partie, à l'achat de médicaments, de tabac et de denrées alimentaires (sucre, sel, café, thé). Le surplus a été réparti entre différentes ambulances nécessiteuses.

2º. — *Voyage de* MM. E. DE BAMMEVILLE, L. DE BUSSIERRE, *et le* Dr RÉMILLY

(Janvier et février 1871.)

	FR.	C.
Chartres. — Au Comité de secours (pour achat de vin, sucre, et café à distribuer dans les ambulances de la ville) (12).	500	»

(12 Au moment de notre passage, Chartres renfermait environ 1,500 blessés français et 3,000 blessés allemands. Les ambulances françaises dis_

		FR.	C.
Chartres. — Achat de tabac.		192	»
Courville et Poingouin. — A la sœur supérieure de l'hospice de Courville, pour adoucissements aux blessés et frais de rapatriements.		100	»
La Loupe. — A M. le Dr Pichot, pour adoucissements aux blessés et rapatriements		50	»
Nogent-le-Rotrou. — A M. Bailly, président du Comité de Secours.		550	»
(150 fr. pour chaussures, 100 fr. pour médicaments, 200 fr. pour vin, 100 fr. pour sucre et café.)			
Laferté-Bernard. — Aux Drs Piscard et Barbey, pour adoucissements aux blessés et rapatriements.		350	»
Connéré. — Au Curé, pour adoucissements aux blessés et rapatriements.		200	»
Le Mans (13). — Au Comité de secours pour achat de vêtements et de matériel d'ambulance.		2,000	»
Le Mans. — Au même, pour acquisition de médicaments à faire venir immédiatement d'Angleterre, et devant être répartis entre toutes les ambulances de la contrée.		3,000	»
Le Mans. — Achat de draps, paillasses, couvertures, linge et vêtements d'occasion pour les ambulances de la ville.		1,200	»
Changé. — Au directeur de l'ambulance girondine, pour achat des paillasses (14).		150	»

posaient de ressources à peu près suffisantes, grâce au zèle de la Société de secours et de l'autorité municipale.

(13) La ville du Mans qui venait d'être occupée par les Prussiens, renfermait environ 3,000 blessés allemands, et 2,000 français répartis dans plus de 60 ambulances, grandes et petites. Beaucoup de ces ambulances, étaient fort bien organisées et abondamment fournies. D'autres, au contraire, étaient dans un déplorable état de dénuement. Les malheureux blessés, couchés sur le sol, avaient à peine un peu de paille, et manquaient de couvertures par un froid d'une rigueur excessive. Nos dons en nature et en argent sont donc survenus fort à propos. — Nous y avons mis une condition qui a été acceptée avec empressement par le Comité de secours et par l'autorité municipale, celle d'organiser immédiatement une collecte générale, à l'instar de celle de Versailles.

(14) Les Prussiens avaient abandonné à Changé et aux environs, 4 à 500 blessés français, mourants de froid, d'épuisement et de faim, dans des villages pillés et dénués de tout. Grâce à Dieu, l'ambulance Girondine accourue bientôt après, a pu faire, avec un plein succès, des prodiges de dévouement et de charité pour le soulagement de ces infortunés. M. F. de Luze qui était à sa tête, a malheureusement succombé aux fatigues et aux émotions de sa mission charitable. Nous devons à sa mémoire e sincère témoignage de notre admiration et de nos regrets.

Nous avions avancé à M. de Luze (dont les communications avec Bor-

	FR.
Bouloire. — Au Dr Desneux, pour achat de draps, paillasses et chaussettes.	150 »
Saint-Calais. — Au médecin de l'hospice, pour adoucissements aux blessés.	50 »
Savigny. — Au médecin de l'hospice, pour acquisition de paillasses.	300 »
Sauget. — Au curé; petites emplettes pour deux blessés.	10 »
Moret. — A Mme la marquise de Nadaillac, pour la Supérieure des sœurs, chargée de la direction de l'ambulance.	300 »
Châteaudun. — Au maire, pour achat de vêtements (15).	300 »
Voves. — Au Maire, pour achat de vêtements.	100 »
Loigny. — A M. le Dr Beaumetz, pour adoucissements aux blessés des ambulances placées sous son excellente direction.	500 »
Total.	10,002

3° — *Second voyage de M.* DE BAMMEVILLE.

(Au mois de février 1871.)

Le Mans. — A M. Boulanger, président du Comité de la Sarthe, pour secours aux blessés au moment de leur rapatriement.	1,000 »
Bouloire. — Au médecin de l'hospice pour secours aux blessés, au moment de leur rapatriement.	200 »
Saint-Calais et Savigny. — Au médecin de l'hospice de Saint-Calais pour secours aux blessés au moment de leur rapatriement.	400 »
Conlie. — Au médecin exerçant les fonctions de maire, pour frais de rapatriement et tabac.	100 »
Silé-le-Guillaume. — A l'administrateur principal de l'hospice. Emplettes diverses pour les blessés et frais de rapatriement.	400 »
Laval. — Secours aux ambulances de la ville.	500 »
Total.	2,600 »

deux étaient interceptées à cette époque) une somme de 1,500 fr. pour l'entretien de son ambulance. Elle nous a été restituée par son digne successeur M. Labadie.

(15) Malgré les effroyables désastres de Châteaudun, les blessés y étaient admirablement soignés. Rien ne leur manquait. La municipalité et la population rivalisaient de sacrifices, avec le concours dévoué d'une ambulance étrangère, vrai modèle de charité pratique, *l'ambulance Irlandaise* que la Providence avait fait arriver si à propos dans cette malheureuse cité. Nous nous sommes donc bornés à fournir à la ville un certain nombre d'habillements bourgeois qui étaient nécessaires pour le rapatriement des blessés convalescents.

4° — *Subventions diverses.*

	FR.	C.
A la Société de secours de *Nogent-le-Rotrou*, pour dépenses diverses.	450	»
A la Société de secours de *Chartres*, pour rapatriements.	2,000	»
A la Société de secours d'*Orléans*, pour rapatriements.	1,500	»
A l'ambulance de M. Keller, à Paris, pour emplettes diverses.	200	»
Frais de rapatriement à des blessés des ambulances de Versailles (en mars).	238	75
Frais de rapatriement à des blessés des ambulances de Versailles (en juin).	130	»
Total.	4,518	75

RÉCAPITULATION DES DÉPENSES POUR LES BLESSÉS

Emplettes et dépenses diverses à Versailles		9,135 60
Subventions et emplettes dans les voyages aux ambulances :		
Voyage de M. de Romanet. 1,029 25		
Voyage de MM. de Bammeville, de Bussierre et Rémilly. . . . . 10,002 »		13,631 25
Second voyage de M. de Bammeville. . . . 2,600 »		
Subventions diverses.		4,518 75
Total.		27,285 60

Emploi des DONS EN NATURE pour les blessés

Dans les départements d'Eure-et-Loire, de l'Orne, de la Sarthe, de Loir-et-Cher, du Loiret et de Seine-et-Oise) (16).

La répartition des secours en nature constituait la partie la plus importante, et généralement la plus efficace de notre mission. C'est après nous être enquis, dans chaque ambulance, des nécessités qui s'y faisaient le plus vivement sentir, que nous procédions à nos distributions. Nous ne croyons pas devoir donner, ambulance par ambulance, le relevé des objets de toute nature que nous avons eu la satisfaction, — souvent bien douloureuse, — de laisser à nos pauvres blessés. Ces détails seraient trop monotones. Nous nous bornons à indiquer les ambulances auxquelles nous

---

(16) Promesse nous a été faite dans la plupart des ambulances, et notamment dans les ambulances rurales, que tous les objets donnés par nous, qui existeraient encore en nature au moment de l'évacuation totale des blessés, seraient distribués aux indigents (spécialement ous les objets de literie).

avons remis les principaux dons en nature. Ce sont celles de : *Chartres, Courville, LaLoupe, Nogent-le-Rotrou, Laferté-Bernard, Conneré, Montfort, Lombron, Les Ferrières, Bonnétable, Savigny, Le Mans, Bovries, Changé, Sceaux, Bouloire, Saint-Calais, Sauget, Champagné, Fréteval, Clois, Moret, Chateaudun, Voves* et *Dourdan.*

Les ambulances de : *Loigny, Patay, Marchenoir, Le Luard, Champrond, Lainnay, Sillé-le-Philippe, Savigné-l'Evêque, Vibraye, Bessé, Ruillé-sur-Loir, le Grand-Lucé, Parigné-l'Evêque, Pont-Lieue, Bellesme, Regmalard, La Chapelle-Souef, Brou* et *Illiers*, ont également participé aux distributions de la collecte versaillaise par l'entremise de M. le vicomte de ROMANET.

Enfin, nous avons distribué, depuis le second siège de Paris, des secours en nature, principalement des vins d'Espagne, si utiles aux amputés, dans les ambulances de Versailles et des environs.

2° EMPLOI DES DONS

en faveur des populations ruinées par la guerre (17).

C'est à l'occasion de notre voyage aux ambulances de l'ouest, en janvier et en février 1871, que nous avons distribué les premiers secours aux populations ruinées par la guerre.

Les ressources dont nous pouvions disposer à cette époque étaient fort limitées, et nous avons eu le regret de ne pouvoir accorder que des soulagements bien insuffisants pour tant de navrantes misères. Les nouvelles souscriptions que nous avons réunies nous permettent aujourd'hui de continuer nos subventions et de les étendre à un plus grand nombre de communes ravagées.

A. — DÉPARTEMENTS DE L'OUEST.

	FR.	C.
Changé (Sarthe). (18) A la Supérieure des Sœurs, pour distribution de pain et de viande aux vieillards et aux infirmes (28 janvier)..	600	»
Changé (Sarthe). Seconde subvention (février).	140	»
Changé (Sarthe). Troisième subvention (mai).	300	»
Champagné (Sarthe). Au Curé, pour distribution de pain et de viande aux familles les plus nécessiteuses (février).	200	»
Sceaux (Sarthe) (19). Au Curé, pour des familles incendiées (janvier).	150	»
Yvré-l'Evêque (Sarthe). Au Curé, pour secours alimentaires aux vieillards (février).	160	»

(17) En ce qui touche les dons en nature, voir la note 9, page 17.
(18) La commune de Changé compte environ 1800 habitants ; elle avait été complétement épuisée par les réquisitions et les exactions prussiennes. Les Sœurs de charité auxquelles nous avons confié la distribution des secours assistaient avec un zèle exemplaire l'ambulance Girondine, dont nous avons parlé plus haut.
(19) Quatre maisons brûlées par les Prussiens.

	FR.	C.
Yvré-l'Evêque. (Sarthe). Seconde subvention (15 mai). . . .	200	»
Yvré-l'Evêque. (Sarthe). Troisième subvention (1er juin). . .	50	»
Sargé (Loir-et-Cher) (20). Au Curé, pour secours alimentaires aux familles les plus nécessiteuses.	200	»
Total.	2,000	»

B. — DÉPARTEMENTS DE L'EST

(Doubs, Haut-Rhin, Haute-Saône et Jura.)

Les secours ont été distribués dans les départements de l'Est pendant le cours du mois d'avril.

M. VAN DE VELDE, bien connu à Versailles par le dévouement avec lequel il y dirigeait, dans des circonstances difficiles, l'ambulance hollandaise, assistait M. ROSSEEUW-SAINT-HILAIRE dans cette mission charitable.

Les subventions ont été remises (après enquête préalable), à MM. les maires, curés ou pasteurs, pour en faire la répartition entre les familles les plus éprouvées.

COMMUNES SECOURUES.	DESTINATION DES SECOURS.	FR.	C.
Buttier et Bonay.	Familles incendiées. . . .	400	»
Rioz.	Indigents.	40	»
Fretigny.	id.	40	»
Gy.	Veuve d'un garde mobile (instituteur).	100	»
Chapelle-Saint-Quilain. . . .	Veuve d'un garde mobile.	100	»
Autereille.	Famille incendiée.	100	»
Pin.	3 veuves et orphelins de soldats.	150	»
Emagny.	6 familles ruinées. . . .	200	»
Besançon.	2 veuves et 9 enfants de soldats.	150	»
Villersexel.	Familles incendiées. . . .	1,000	»
Sarcey.	Familles ruinées. . . .	200	»
Montbéliard.	id.	2,550	»
id.	Blessés.	300	»
id.	Veuves et orphelins. . . .	150	»
Busserel	Familles incendiées. . . .	250	»
Héricourt et environs. . . .	Familles ruinées. . . .	1,500	»
Giromagny.	2 veuves et 18 orphelins. . .	222	»

(20) Le bourg de Sargé a été le théâtre d'affreux excès lors du passage de l'armée du prince Frédéric-Charles. Trois heures de pillage ont été accordées aux soldats. Nous avons visité un grand nombre d'habitations, précédemment aisées, dans lesquelles il ne restait absolument rien. Plusieurs des notables de la commune ont été barbarement massacrés, sous les prétextes les plus mensongers. Pour faire taire les cris de la femme de l'un de ces malheureux, les soldats l'ont jetée à bas de son escalier.

			FR.	C.
Grosmagny.	Familles incendiées.		300	50
Valdoye.	id.		460	»
Chaux.	Veuve incendiée.		45	»
Essert.	Familles incendiées.		1,000	»
Bavilliers.	id.		500	»
Danjoutin.	id.		600	
Vezelay.	id.		200	»
Chèvremont.	id.		650	»
Bessoncourt.	id.		100	»
Pérouse.	id.		1,000	»
Frahier.	Incendiés, veuves et orphel.		150	»
Chenebier.	id.	id.	120	»
Etobon.	id.	id.	500	»
Béverne.	id.	id.	200	»
Clairgoutte.	id.	id.	400	»
Lure et environs.	id.	id.	1,000	»
Frédéric-Fontaine, Ronchamp.	id.	id.	100	»
Sermanangy.	id.	id.	150	»
Dennay.	id.	id.	400	»
Planche-Bas.	id.	id.	100	»
Belfort.	id.	id.	2,000	»
Remis à M. le pasteur Abt, pour les orphelins de Montbéliard.			300	»
Au même pour divers.			30	»
Secours divers à Mulhouse et dans le Jura, par M. Rosseeuw-Saint-Hilaire.			482	»
Total.			18,239	50

C. — Départements de Seine-et-Oise et de la Seine.

Ablis (16) (janvier 1871).	Au Maire, pour achat de linge et distributions de soupes aux vieillards et aux malades.		550	»
— (juillet).	Achat de 150 paires de draps et de 750 chemises pour les incendiés (17).		500	»

(16) Le désastre du malheureux Ablis est généralement connu. On sait qu'un détachement Prussien avait été surpris et fait prisonnier, dans cette petite ville entièrement ouverte, par un corps de francs-tireurs. Pour en tirer vengeance, — et quoique aucun habitant n'ait pris part, ni directement, ni indirectement, à ce fait de guerre, — un général Prussien revint avec des forces considérables, accorda deux heures de pillage à ses soldats, qui tuèrent plusieurs habitants inoffensifs, emmena comme ôtages les notables de la commune, et fit ensuite incendier les principaux quartiers. On employa, comme toujours, le procédé du *badigeon au pétrole*. Défense fut faite, sous menace d'exécution militaire, d'éteindre le feu ; les habitants durent assister immobiles à la destruction de leurs demeures ! L'incendie dévora la moitié des maisons de la ville, avec tout le mobilier, tous les effets et toutes les denrées que les Prussiens ne s'étaient pas appropriés. L'hôtel-de-ville, qui avait été converti en ambulance, et qui portait encore, au moment de notre passage, la croix rouge au sommet d'une de ces murailles calcinées, ne fut pas même épargné.

(17 et 18) Ces acquisitions ont été faites, dans des conditions très-avantageuses de bon

		FR.	C.
Garches.	A un incendié, pour la reconstruction de son mur de clôture...............	220	»
—	Achat de 120 paires de draps et de 480 chemises pour les incendiés (18)...........	400	»
—	Achat de 60 lits de fer, avec matelas de varech, traversin et couverture (19)........	900	»
—	Achat de 60 lots d'ustensiles de ménage et de batterie de cuisine (20)............	300	»
—	Au comité de patronage de Garches (don du comité bordelais)................	500	»
La Celle-Saint-Cloud.	Famille ruinée (collecte pour l'achat d'une vache)............	40	»
Paris et Versailles.	Secours à diverses familles, par Mme Saint-Hilaire................	617	»
Saint-Cloud.	Famille incendiée.........	200	»
Versailles.	Remis à une commission spéciale la somme accordée par M. Dwight, au nom du comité de Boston, pour secours de loyers (21). (Voir p. 13.)..	6,000	»
	Total........	10,227	»

3° Dépenses de voyage et de collecte.

Voyage de MM. DE BAMMEVILLE, DE BUSSIERRE et le Dr RÉMILLY dans les départements de l'ouest (en janvier et février 1871), avec quatre voitures (et quatre voitures supplémentaires

marché, par les soins de M. Hunebelle, maire de Clamart. Il a bien voulu consacrer plusieurs journées, avec l'aide de Sœurs de charité, à choisir les draps et les chemises dans un immense dépôt de vieux linge destiné à être vendu *au poids* à des fabricants de papier. Ce linge provenait des ambulances de la Société française de secours aux blessés militaires.

(19 et 20) Ces objets provenaient des ambulances de la Société française.

(21) La commission, qui s'est formée à Versailles pour la répartition de ce don, se compose de :

MM. DE MAGNY, adjoint au maire de Versailles.
BARRUÉ-PERRAULT, *id.*
MAINGUET, *id.*
RAOULT.
MOQUET, conseiller municipal.

HOUSAY, conseiller municipal.
MAGNIER-LAMBINET, *id.*
FONTAINE, *id.*
RICHÉ, *id.*
BRIAT.

Cette commission, qui procède avec autant de zèle que de prudence, a déjà réussi à libérer 79 familles de toute dette de loyer. Grâce aux sacrifices volontaires qu'elle obtient de beaucoup de propriétaires, elle a procuré à ces familles, au moyen d'une dépense de 3,447 fr., la remise d'une dette totale d'environ 12,000 francs. (31 juillet).

	fr.	
aux frais de la ville et du comité de Chartres) (22).	899	75
Voyage de M. DE BAMMEVILLE dans les mêmes départements avec le deuxième convoi de secours (par chemin de fer).	300	»
Voyage de MM. ROSSEEUW-SAINT-HILAIRE et VAN DE VELDE dans les départements de l'est.	204	35
Frais pour envoi de secours à Ablis.	12	»
Frais d'impression des circulaires, lettres de convocation, bulletins de souscription, comptes-rendus, etc.	398	»
Frais de distribution, d'affranchissements, de ports, etc.	84	»
Frais de transport des dons en nature, à Versailles et faux frais.	40	»
Total et somme égale aux recettes spéciales. (Voir p. 14.).	1,938	10

RÉCAPITULATION GÉNÉRALE DES DÉPENSES

Blessés. (Voir p. 24.).			27,285	60
Populations ruinées par la guerre.				
Départements de l'Ouest.	2,000	»		
Départements de l'Est.	18,239	50	30,466	50
Départements de Seine-et-Oise et de la Seine.	10,227	»		
Dépenses de voyage et de collecte.			1,938	10
Total.			59,690	20

BALANCE

Les recettes se sont élevées jusqu'à ce jour à	134,832	20
Les dépenses à.	59,690	20
Reste en caisse.	75,142	»

EMPLOI DU RELIQUAT

Une somme d'environ 8,000 francs est dès à présent destinée aux incendiés d'Ablis. Elle sera principalement affectée à l'acquisition de linge, vêtements, literie et ustensiles de ménage, ainsi qu'à des secours alimentaires pour les vieillards et les malades, et des secours extraordinaires à quelques veuves.

(22) Nos dépenses de voyage eussent été beaucoup plus considérables sans l'hospitalité si empressée et si touchante qui nous attendait presque partout; nous sommes heureux d'en exprimer ici notre vive reconnaissance. Loger dans les hôtels eut été le plus souvent impossible, l'ennemi les occupant tous. Mais à peine notre convoi avait-il stationné pendant quelque temps dans les rues et sur les places publiques, que des amis improvisés nous offraient à l'envi un refuge, malgré la difficulté d'héberger à la fois tant de personnes, de chevaux et de voitures.

— 30 —

Des renseignements qui doivent nous parvenir prochainement de différents départements ravagés par la guerre, décideront de l'emploi du surplus des fonds disponibles.

Il nous reste enfin à parler de la destination des 50,000 francs que nous devons, ainsi que d'autres libéralités, à l'inépuisable charité américaine, charité dont notre pays ne pourra jamais se montrer assez reconnaissant.

Nous croyons répondre aux généreuses intentions des donateurs en consacrant exclusivement cette somme au relèvement du malheureux village de Garches.

Un comité de patronage vient de se constituer à Versailles pour veiller au meilleur emploi de cette riche offrande, et de toutes celles que nous espérons recueillir encore pour la même destination. Ce comité se compose de :

Mmes ANDRÉ-WALTHER.
La vicomtesse d'ANFERNAY.
La comtesse BENOIT-D'AZY.
BOSELLI
CHESNEAU.
COCHIN.
CURTIS.
H. DELAROCHE.
DE JOUVENCEL.
LABOULAYE.
LIÉBAULT.
La vicomtesse DE ROULÉE.
ED. SCHÉRER.

MM. E. DE BAMMEVILLE.
BLONDEL, architecte.
BRIAT.
L'abbé BUNEL, desservant de Garches.
Le baron DE BUSSIERRE, ancien conseiller d'État.
E. CHARTON, membre de l'Assemblée nationale.
Le comte DARU, membre de l'Assemblée nationale.
GROSJEAN.
HUNEBELLE, membre du conseil municipal de Versailles.
C. JAMESON.
DE JOUVENCEL, membre de l'Assemblée nationale.
DE MAGNY, adjoint au maire de Versailles.
NORET, maire de Garches.
Le comte R. DE POURTALÈS, membre de l'Assemblée nationale.
RAOULT.

Nous faisons, en terminant, un pressant appel à la charité de tous en faveur d'une œuvre destinée à réparer l'une des plus odieuses dévastations dont nos malheureuses populations rurales aient eu à gémir.

Versailles, 31 juillet 1871.

PARIS. — IMP. VICTOR GOUPY, RUE GARANCIÈRE, 5.

www.ingramcontent.com/pod-product-compliance
Lightning Source LLC
Chambersburg PA
CBHW060911050426
42453CB00010B/1663